FOWER PESSOAS

Colin Bramwell was born in Ayrshire, grew up in Fortrose on the Black Isle and lives in Edinburgh. His poetry has appeared in *Poetry Review, Irish Pages, The London Magazine, PN Review, Magma, The Rialto, New Writing Scotland, Interpret, Poetry Scotland and The Scotsman.* He was the runner-up for the 2020 Edwin Morgan Prize; his translations of Yang Mu won the 2018 John Dryden Translation Competition; his translation of Ko-Hua Chen's *Decapitated Poetry* won the 2024 Lucien Stryk Asian Translation Prize. He holds a doctorate in creative writing from the University of St Andrews.

NOTE ON ARTWORK

Cover illustration by Iona Lee
Section 'compasses' by Iona Lee
© The Artist, 2025.

Fower Pessoas

Colin Bramwell

CARCANET CLASSICS

First published in Great Britain in 2025 by
Carcanet
Main Library, The University of Manchester
Oxford Road, Manchester, M13 9PP
www.carcanet.co.uk

A CIP catalogue record for this book is
available from the British Library.

ISBN 978 1 80017 464 1

Book design by Andrew Latimer, Carcanet
Typesetting by LiteBook Prepress Services
Printed in Great Britain by SRP Ltd, Exeter, Devon

The publisher acknowledges financial
assistance from Arts Council England.

The publisher acknowledges receipt of the Scottish Government's
Scots Language Publication Grant towards this publication.

The publisher acknowledges assistance from the Sloan Fund of the School of
English, University of St Andrews.

CONTENTS

FOWER PESSOAS

Alberto Caeiro (1889-1915)

Maister tae Campos, Pessoa, Reis; lives and dees in Ribatejo, a rural province northeast ae Lisbon; uneducatit poet and anti-symbolist; hauds that aethin is jist itself, and nothin mair besides.

Álvaro de Campos (1890-1935)

Restless traiveller; bisexual mariner; born in the Algarve; studies maritime engineerin in Glasgow; quits uni fur the Orient; taks opium; retours tae Europe; lives in England; muives back tae Lisbon wae depression; practically a millennial aye.

Fernando Pessoa (1888-1935)

Campos: 'Pessoa's like a ball ae string wrapped roond itsel fae the inwith. Technically the guy doesnae exist.' Bit wance a man cried Fernando Pessoa wis born in Lisbon, muived tae Durban wae his mither and stepfaither, wis educatit in an English public school, syne retoured tae his hame city and lived thir fur the rest ae his life. Eftir his daith, vast reams ae literary wark were foond in a muckle kist in his garret. Posthumously, Pessoa became the maist important Portuguese poet ae the twentieth century.

Ricardo Reis (1887—1935)

Born in Porto; warked alternately as doctor and Latin teacher; muives tae Brazil; mainly writes his Caeiro-influenced odes in the metres yaised bi Horace; pagan; Epicure; grouch.

SCENE. *Glasgow; the city and its environs.*

kist – chest/trunk, cast | aethin – everything | aye – always, already | syne – then | muckle – massive |

ALBERTO CAEIRO

MAIR

Yull need tae dae mair than jist appen a windae
tae really see the fields and the watters.
And yull need mair than jist yir pooers ae sicht
tae deek oot flooers and trees and aa.
Tae really see thae things,
ye maunnae hae philosophy.
Wae philosophy thirs nae trees, jist ideas.
Thirs humanity in the cave.
Thirs a windae bit its shut,
and aethin else ootwae aa that—
cus oor dream ae the dream ae the windae appenin's
gat nothin tae dae wae whit ye really see
whun the windae really appens.

sicht – sight | deek oot – look, find, identify | thae – those | maunnae –
mustn't | ootwae – ootside of |

FAE 'KEEPER AE SHEEP'

I

Niver hud my ain flock bit,
it's as tho I did.

My saul's a hirdie, man.
It kens the wind, the licht,
follas the seasons haund-in-haund,
waulks wae them, watches aye.

The caum souch ae humanless nature
maks fur decent company.
Bit aye and oan
I'm mair doun nor the sun the day.
Reader, can ye see its licht
coolin ower thae fields?
Can ye feel the nicht come oan
like a butterfly in the windae?
Thon gloamin's peace.

It's right enough
fur the saul tae gloor
whun it minds its ain existence,
as a haund, no kennin
whit it's daein, picks flooers.

Noo the massed pipes and drums
huv mairched past
the bend in my road,
I'm back tae bein happy.

hirdie – shepherd | caum souch – peace | aye and oan – nevertheless |
nor – than | the day – today | thae – those | thon – that (distant from
speaker) | gloor – sulk | mind – remember |

Wish I didnae ken whun I wiss and wissnae happy.
Wish my thochts werenae selfaware.
If I hud ony mense I'd niver think,
cus happy and content is bitter
nor happy and sair.

Thinkin's like haein a walk in the rain:
whun the wind picks up, buckets doun.

At least I dinnae hae ambitions and that.
Tae be a poet's nae an ambition ae mine.
Poetry's my way ae bein alane.

Sometimes tho, thirs this fantasy
that I'm a lamb jist oot the wame—
or a hail hirsel ae lambs
scaitert ower the braes.

Ach, tae be mair nor wan happy thing at wance!

The thocht comes fae a feelin
that I write best whun the sun's gaein doun,
whun cluds kiver up the purpler licht
and gress hauds its wheesht.

Whun I sit doun tae write—
or dae the thing ae waulkin aroon
writin oan the paper in my heid—
my haund reaches oot,
I'm haudin my crummock, my ken.

mense – wisdom | sair – in pain | wame – womb | hirsel – flock | hauds
its wheesht – shuts up | haudin my ken – accessing my knowledge |
crummock – shepherd's crook |

Bit whun I luik up tae the hillside
thirs this cardboard cutoot ae me,
watchin my flock fur me, readin my thochts—
watchin my thochts and readin my flock—
wae the great shitemunchin grin
ae somewan wha disnae spikk the leid,
but maks believe he's kent whit's jist bin said.

I say hello tae my reader,
doff my bunnet as thir bus pulls up
beside my hoose at the tap ae the road.
They'll see me at the door
and I'll wave and say

hi aye. Hope the weather hauds,
bit if it disnae, the rain'll no be rang.
Hope that in yir hoose ye've gat
yir best chair bi the windae
whaur yir readin this and aa.

Hope that as ye read,
ye can think aboot my book
as an instance ae rewildin,
its leaves like that ae an auncient yew.

Or bitter aye,
thon tree's scadda,
whaur knackered bairnies come tae chill oot,
wipe aff the sweat
wae the sleeves ae thir Adidas.

leid – language | bunnet – hat | thon – that | scadda – shadow |

XX

The Clyde is bonnier nor the river rins throu my toun—
bit the Clyde isnae bonnier nor the river rins throu my toun,
cus the river that rins throu my toun's nae the Clyde.

The Clyde hus mony faur-kent ships.
Bit, fur thae wha see in ilka thing whit isnae there,
the memories ae thae ships
wull sail it yet.

The Clyde rins doun fae the megins ae Lanarkshire,
and eftir Gourock empties intae the sea.
We aa ken this.
Bit fewer ae us ken whit the river ae my toun's cried
and whaur it comes fae
and whaur it gaes.
Bein the belangin ae faur less fowk,
the river ae my toun's muckler and mair free.

The Clyde'll wise ye tae the warld.
Ayont it thirs America
and the fortunes ae fowk wha launded oan thae shores.
Bit naewan in my toun hus iver thocht
ayont oor river.

The river here disnae mak ye think ae muckle.
Thae that staund forby it, staund forby it.

faur-kent – famous | ilka – each/every | megins – depths | cried – called |
muckle – massive, much | wise – guide, direct | ayont – beyond |
forby – beside |

XXIV

Whit we see ae things is things alane.
Hou cud we see wan thing if it's anither?
Hou come some say tae see and hear is fause,
if seein and hearin arenae mair nor sicht and soond?

Ye huv tae ken hou tae see,
hou tae see and no tae think
tae ken hou tae see whun ye see,
and no jist tae think whun ye see,
and neither tae see whun ye think.

A puir mission
fur those ae us gart
tae weir oor sauls like claes—
profoond study,
the autodidact's unlearnin.

We ettle oot that liberation aye
fae inwae oor ain personal convents
whaur the nuns are stars (or so the poets say)
and sentenced flooers hing thir heids in shame.

Bit appen the door tae thon convent and ye'll ken
its stars are jist stars, flooers anely flooers—
that's hou come we cry them stars and flooers.

fause – false | gart – compelled | claes – clothes | ettle oot – strive for |

XXV

The bubbles this lassie blaas throu a wand
tae stap herself fae bein scunnered bi the warld
are a hail clairglesst philosophy.

See-throu, pyntless, transitory as nature,
amiable tae the ee like ony ither thing.
Nae mystery, nae properties, nae airt.
Anely whit they are—
bonnie, roond, fou wae the air, exact—
and naewan
no even her wae the wand
thinks they shud be mair nor that.

Inwae the air that seems tae ken aa this,
ye can see thae bubbles, jist aboot.
Thir like a wind gaein past,
strokin the flooers.

We anely ken a thing is passin
whun somethin in us gits lichter
and we accept the warld
in aa its furms—
clairer nor ony gless.

blaa – blow | scunnered – bored/disgusted | clairgless – transparent | ee
– eye | airt – direction, aim | fou – full | inwae – within | graa – grow |

Sometimes, oan days ae perfect pentit licht,
whun aa's as real as it cud iver be,
anither questyin furms oan the tip ae my tongue.
Why bother even sayin things are bonnie?

Is a flooer bonnie? A fruit?
Naa. Flooers huv colour and furm,
aye. They exist.
Bonnie's a ward fur a thing that doesnae exist,
no really. The ward giein tae a thing
by me tae pey fur the fun I've hud fae it.
Means nocht but.
Sae hou come nanetheless I say ae things,
See that? That's bonnie.

Aye. Even I, wha lives fur livin's sake
even I huv lippent tae the invisible
lees men tell thaimselves
whun confrontit wae aa
the things in the warld that jist exist.

Impossible tae avoid corruption,
tae luik and anely see whit's visible.

pentit – painted | nocht – nothing | lippen tae – trust | lees – lies |

XXXV

Munelicht in the ling—
aa the poets say it's mair
nor munelicht in the ling.

Bit fur me, whas nae in my ain thochts,
whit the munelicht in the ling's tae be,
apairt fae munelicht in the ling
isnae mair nor munelicht in the ling.

ling – heather |

XXXIX

The mystery ae things. Whaur is it, syne?
Hou come it winnae jist shaa itself,
so we can lat licht it's a mystery eftir aa?
Whit dis the river ken ae it, whit kens the tree?
An whit dae I ken—I, wha isnae mair nor thae?

Ivry time I see a thing and think
whit wid my species mak ae that,
I mak a soond like a river strickin stanes fur the nth time.

Cus the anely hidden meaning ae things
is that things dinnae hae hidden meanings.

And here's the maist curious ae ilka curiosity—
mair unco than the dreams ae aa the poets
and metaphysicians in the warld combined—
ilka thing is anely whit it is.

Aye. Here's whit I've divined, fae my ain gumption.
Things dinnae hae meaning. They hae existence.
The anely hidden meaning ae things, is things.

lat licht – admit, make known | unco – strange |

Prefer the flicht ae a bird passin ower me, leavin nae steid,
tae the auld gate ae a mammal, aye mindit bi the grund.
The bird passes and ye furget it just like that.
That's hou things shud be.
Whaur the animal wiss before, it isnae noo—
air tynes the evidence that it wiss iver thir.

Tae mind is tae stab nature in the back,
cus the nature ae yestren isnae nature.
Whit's fur ye's aye gan bi ye. Tae mind is no tae see.

Pass, bird, pass, and shaa me hou tae be.

steid – track | gate – path | tyne – lose | yestren – yesterday | whit's fur
ye'll nae gang bi ye – coll. phrase: if it's meant to happen, it will |

XLIX

Callin it a day, gaein indoors, shuttin the windae.
They bring a caundle, say gudenicht.
Contentit noo, I say it back.
Hope my life'll be this way fur aye.
Days ae sunlicht, or saft wae rain,
or goustrous, like the warld's aboot tae end.
Mindin the nuin's souch—hirds, hirsels, fields—
aa watched wae interest fae the windae.
Wan last luik at the trees, takkin tent ae thir quateness,
and syne the curtain's shut, the caundle burnin doun.
I'm readin nocht, thinkin ae nocht, bit aye awake,
feelin my life pass throu me like a river oan its bed—
and ootwae aa that, muckle seelence ae a sleepin God.

fur aye – forever | goustrous – tempestuous | tak tent – notice |
quate – quiet | rin – run | ootwae – outside |

THE PREACHER

Lest nicht the preacher ae truths
spake wae me and aa.
He talked aboot the sufferin ae the warkin clesses,
no that ae the impoverished, whar mair likely tae be poor.
He descrieved the injustice ae the few haein food tae spare
while ithers hunger. I didnae ken whit type
      ae hunger he meant:
it's possible tae lang fur anither man's puddin.
Oan he went aboot aa the shite that fashed him in life.

Man, hou happy dae ye huv tae be
tae think sae affen aboot the waes ae ithers?
And hou stupit no tae ken
that the waes ae ithers belang tae thaim
and winnae be healed fae ootwae:
real sufferin's no the lack ae ink
or a kist wi nae haundle tae haud.

Yammerin oan aboot injustice is like girnin aboot daith.
I widnae bother my airse tae fecht
anent whit's cried injustice in the warld.
Ken that if ye mairch ten thoosand staps,
aa yull huv done is mairch ten thoosand staps.
I thole injustice as I thole a stane fur nae bein roond
or a Scots pine fur nae bein anither species ae tree.

I speld an orange intae twa unequal pairts.
Tae which wiss I the mair injust?
I wis gunnae eat thaim baith...

fashed him – bothered him | wae – woe | kist – chest | girn – complain |
fecht – fight | anent – against | thole – suffer | speld – split |

THE BAIRN

The bairn that thinks aboot and lippens tae fairies
is actin like a god wae flu—but aye a god.
While uphaudin the idea that no aa things exist,
he kens exactly hou things dae exist: bi existin.
He kens existence is ayont explanation,
he kens that naethin exists fur a reason,
and he kens that tae exist is tae exist at wan position—
he jist doesnae ken that thinkin isnae a position.

REGRET

Lat's say I dee young,
and niver see ony ae my lines in print
cuz nae poems fae me are iver set furth—
if yir ragin at this idea, reader,
dae fash yirself.
If I amnae published, it's fur the best.

Even if my poems arenae read
thull be bonnie, if thir bonnie.
Bit syne anither vyce appears.
Yir poems cannae be bonnie and bide unread.
Roots are buried in the syle,
flooers bluim best in the appen.
That's jist hou the warld is.
Ye winnae change it.

Wull, if I dee young, tak tent ae this.
I wiss jist a bairn at pley.
A sun-and-water-praisin haithen
wha prayed in wan temple
ae thon universal kirk
pairtit bi the warld ootwae my race.
I didnae ask fur onyhin,
didnae seek onyhin oot—
didnae ken onyhin really
cus ken's jist a ward,
disnae mean onyhin onyweys.

set furth – published | dae fash yirself – don't worry about it |
bide – remain | syle – soil | kirk – church | pairtit – shared |

I niver wantit mair
nor tae be oot in the elements—
in the sun whun it wiss sunny,
in the rain whun it wiss pishin doun,
and niver widdershins.
Jist wantit tae feel the wind, the heat, the cauld
and nothin mair forby.

Thir wiss a time I thocht I micht be luved, bit I wissnae.
Hou come? Cus I didnae huv tae be.
Wissnae bad.
I'd aye come back tae the sun, the rain,
sit ootside the hoose, luik at the fields,
niver sae green fur thae wae luve
as fur those ae us wae nane.

Regret is a distraction, man.

widdershins – the opposite |

ÁLVARO DE CAMPOS

I woke up this mornin and I felt a bit weird and I jist didnae ken whit
    tae say.
Ken that I'm smart, bit I dae ken hou come. That's hou I'm feelin
    the day.
Amnae airsed wae the writin, sae I'm writin my epitaph. *Here lies the*
    corpus ae Álvaro C.
He wissnae the like ae like Homer and that but his stuff's jist fine: guid enough,
    reader, fur thee.
'Here, Álvaro, whit's aa this crack wae the rhymin, and hou come yir lines
    are sae prolix?'
My answer? Nae muckle, but I am a poet and I huv a pal and my pal's
    name is Alex.
Sae here's it the day: oor story begins whun I run intae Al bi the new
    Queen Street Station.
'Fuck, Allybally man, whit's crackalackin? I'll write ye some bars fur yir
    self isolation!'
(And it's true, as tho I huv written a few, it's seldom I git a line
    I cud puir hump—
bit whun yir aye hoachin, alane wae yirself, sometimes a shiter'll dae
    fur a pump.)
Sae Ally says 'Ál, dinnae pit yirsel oot.' And my wee hairt explodes
    like a punched paper bag.
Boom echas roon George Square. Pigeon's heid bursts like a bairnie's
    balloon gittin papped wae a fag.
Go tae gie him a hug, whun I reach oot he's gan. I'm haudin the air.
    Passerby double-takes.
'Yaright, mate? Waitin fur somewan or whit?' And here's the last rhyme—
    fuck all sense it makes.

dae ken – don't know | hoachin – fidgety, nervous |

MANIFESTO AE ÁLVARO DE CAMPOS

Fuck's sake! Right:
Charlie's nae The King,
Charles Kennedy's Prime Minister
ae the first Independent Republic ae Caledonia,
and we've Warld War Three in the Sunday Post—
in ither wards, it's exactly whit ye'd expect.

OPIARY

Fae a ship stuck in the Suez canal

Life tastes tae me like a fifty gram packet
ae Amber Leaf, the gowden baccy.
Mine's mainly dust. Puir wish it wiss whacky.
Feel like I've jist inhaled a menthol Locket.

Hou come I chose tae sail East onyhou—
whit wiss the pynt ae seein Bangkok?
It's aa the same, the warld, aa peerie folk,
and thirs jist wan wey tae live here—fur the noo.

Aecunt oanboard thinks I'm a seasoned traiveler.
I've bin tae Lisbon wance, and twice tae Spain.
My hairt feels like some mad auld bint in pain,
draggin her Costa cup fae door tae door.

Hail faimily's the same wey. Owerthinkers:
that's hou come we niver hud the luck.
Suppose I'll dee before I find a neuk
tae lay my heid fur aa the comin winters.

Ach, I wiss jist a wean, man. Jist some kid
brung up in a province, Lanarkshired.
Bit I've met plenty English fowk wha'd
say *my* English isnae fuckin bad.

Wan mair snog chored fae hell's infernal mou—
a door that anely appens tae my daith—
life tastes tae me like shitey Amber Leaf—
my packet's dune furaye. I see that noo,

peerie – little | neuk – corner | chored – stolen| mou – mouth |

sae finally I'm giein faith a chance.
Lord, unstick this midden fae the rocks!
Pairt the seas, unfankle aa thae locks
and git the sitcom in my saul tae France!

unfankle – untangle | midden – trash–heap | git tae France – fuck off |

I RECLINED

I reclined in the deck chair and appened my een,
and the future fell intae my saul like a crag.
My past and futur lifes aa melted thegither...

Fae haufway doun the ship
I could hear the smokin loonge,
soondae chairs scrapin at the flair.
Suppose the nichtly game ae chess is dune,
thocht I.

Swey
kittle ae the sea,

sweelt
in the blanket ae a day that isnae morra yet,

in the hap ae bein ootwith duty fur noo,
no haein a 'personality',
but findin somethin ae myself here
oan this deck chair,
like that buik the Swedish quine forgat...

Sunk
inwith idle thochts—lithesome,
jaupit, doverin...

een – eyes | crag – cliff–face | kittle – tickle, gentle motion | sweelt –
swaddled | hap – cover | quine – woman | lithesome – genial | jaupit
– exhausted, splashy | doverin – nodding off |

And the likeness ae myself keethes as a bairn fae langsyne,
pleyin oan the farm, kennin neither the algebra ae maths
nor the Xs and Ys ae sentiment.

Ilka pairt ae me is greenin
fur that unimportant maument
in my life.
Ilka pairt is langin fur that maument and its likenesses:
times whaur I didnae matter,
times whaur I kent the hail vacuum ae existence withoot the need
        tae explain it awa,
and thir wiss muin and sea and lanesomeness. Aw, Álvaro!

langsyne – long ago | greenin – yearning | keethe – slowly emerge,
appear mysteriously | langin – longing |

ENGLISH SONG

I've telt the sun and the stars whaur tae gae. Tae the warld I've pit a stap.
I shoogled the backpack ae knowledge aboot—side-tae-side,
        airse-tae-tap.
I went oan a mission, bought some cheap shite,
        alichtit at insecurity.
My hairt's the same as aye it wiss: hauf desert saund, hauf sky.
I failed my past, failed my desires, failed in whit I kent and aa.
Nae darkness chores, nae licht awakes. My peerie saul is wede awa.
I'm nauseous, man. I'm nocht but split. Nae mair than aa my langin.
I'm a thing that isnae here … And nanetheless, wance mair, I'm bangin
oan aboot myself again. Wan mair greener glued tae the Big Man's
        wheel—
bit life is mair cannie than whit'll come neist. Bitter, oan balance,
        tae feel.

shoogled – shook | alichtit – alighted | chores – steals | wede awa – far away |
greener – regurgitated snot | cannie – comfortable, smarter | coonter – opposite |
bitter – better |

ACH

In my hairt lives an admiral
whas tint his thrift wae the waves,
bit minds thaim noo in dribs and drabbles
waulkin throu the dear green place.

He muives (and my feet muive and aa,
tho I'm writin this in bed at nicht)
wae racin nerves that anely slaa
whun the broukit Clyde comes intae sicht.

Saudade inwith the furm I threap,
saudade ootwith my sonnet's airt.
Knackered bi uncoontit sheep…

Ach—reader!—mind that first line—bleatin
aboot an admiral in my hairt?
Noo he's gan, I feel it beatin.

hairt – heart | tint his thrift – lost his job | dear green place – nickname
for Glasgow | slaa – slow | broukit – filthy | threap – insist upon |

CULLEN SKINK

Wan day in a café ootwith space and time
I ordered luve, and wis sent a mug ae cauld broth.
Tentily, I telt the missionairy ae the kitchen
I'd like it hot, please,
as broth—and it wiss Cullen Skink—isnae eaten cauld.

Didnae expect thaim tae git aa fuffy, like.
Apparantly ye cannae be richt onymair, nae even whun yir the
          customer.
I didnae eat it, didnae order onyhin else, jist peyed fur it and left,
syne waulked up and doun the street ootside, puir fizzin.

Wha kens the meanin ae this tale?
Nae me, and its my tale and aa.

Bit I dae ken well enough that in onywan's bairnheid
          thirs aye a gairden,
public, private, belangin tae neebour or laird.
And I ken we used tae pley thir, and be happy,
as aa oor waes date fae the present time.

I ken aa that, aye—
but seein as hou I asked fir luve, hou come they sent
a bowl ae cauld Cullen Skink?
It's nae a thing ye can eat cauld,
but they served it cauld.
I didnae girn aboot it, but it wiss cauld.
Ye cannae eat it cauld, but they brung it fuckin cauld. Cauld!

tentily – cautiously | fuffy – impatient | fizzin – in a rage | aiblins – perhaps |
waesomeness – sorrow |

I am nocht.
I'll aye be nocht.
Cannae want tae be ocht.
That bein said, aa the dreams ae aa the warld are held inwith my heid.

The windaes ae my room
(ae mine and the million ithers that naewan kens whaur
or hou come they exist—and if thae ithers kent,
whit wid they ken?)
appen tae the fankle ae a street crossed ower and ower
bi undevaulin humans
tae a street that's obstructit tae thocht,
tae a street that's real and niver real, a street that's siccar,
unkennably siccar
wae the puzzle ae things unnerfit, stanes and peoples,
wae mochie daith paintin waas and manly haircuts gray,
and fate drivin ilka ubiquitous lorry ower bypasses ae nocht.

I'm no winnin the day, man. It's like I've jist bin telt.
I'm lucid but—like a deein man
I've barely enough ae a commonweal wae hings
tae say *ta-ta*, a *ta-ta* that instantly ootcomes intae *thon* tenement,
thon side ae the street,
the station, the train, the clippie's whistle stoondin in my lugs,
a timorous jag and a runch fae the skelets ootboond…

ocht – anything | fankle – tangle, trap muddle | undevaulin – endless | siccar –
safe, firm, fixed | mochie – moth-eaten | no winnin – not doing well | telt – told
off | clippie – train guard | stoond – throb, stupify, resound, strike | timorous –
fearful | jag – sharp jerk | runch – grind, crush | skelet – skeleton |

I'm puggled the day. It's like I'm jist some guy whas socht it,
	foond it, syne forgat it aa.
I'm divided the day tweesh the lealtie that's due
tae the Newsagent's across the wey as somethin real ootwith,
and the feelin that ilka thing's a dream—like a real thing, inwith.

I've failed at ilka thing I've pit my haund tae,
bit seein as hou I hud nocht tae offer onyweys,
mibbe ilka thing wiss nocht aye.
They tried tae send me tae uni and that.
I snuck oot the windae at the back ae the lecture theatre
and muived tae the kintra wae a muckle plan in mind.
Aa I foond wiss widlands and weedocks,
and whun fowk finally shawed up they aa jist soondit like Weegies
	tae me.
I'm bored ae the windae, sit in a chair. Whit am I supposed tae think?

Whit dae I ken ae whit I'll be—I, wha disnae ken whit he is noo?
Be whit I ken? But I ken I'm a fuckloadae things man!
Plus ivrywan thinks ae themselves in sic a wey.
	Thir cannae be sae mony ae us.
Am I a genius, syne? At this precise maument
a hunnert-thoosand heids like mine are dreamin that thir geniuses
	and aa,
and wha kens hoo mony ae thaim'll mak the history books?
	No even wan like.
Aye, aa that'll be left ae thir future haudin's trash.
Naa, I dinnae believe, no even in myself man.
Ilka loony bin is fou wae mental fowk shair ae the same.
I, wha isnae shair ae muckle: am I a wee bit shair but,
	or a wee wee bit?
Nah man. I dae ken, dae believe, no even in myself like…

puggled – confused | tweesh – between | lealtie – loyalty | kintra – country |
weedocks – weeds | haudin – property, inheritance |

In hou mony ae the warld's garrets and nongarrets
are self-declared geniuses dreamin at this precise maument?
Hou mony heich and gallus plans—
aye, heich and gallus and mibbe prestable and aa—
winnae see the licht ae day, or aye be said oot lood, or heard?
The warld's fur thae were born tae it
no fur thae wha fantasise ae bossin it, houiver cool that dream.
I've wun at mair in dreams than Napoleon.
I've held mair fowk than Christ tae my hypothetical breist.
I've lived mair philosophies in saicret than Kant cud iver scrieve.
Bit aye and on I am—and aiblins I'll iver be—*that* fanny in the garret
        (even tho I dinnae even live in a fuckin garret…)

I'll aye be yir man wissnae cut oot fur this;
I'll aye be the wan wha 'shawed potential';
I'll aye be he wha stuid and waited bi a doorless waa fur the door
        inwith the waa tae appen,
wha sang the song ae the Infinite in a wee cavie
and heard the voice ae God in a happit slock.
Dae I believe in myself? Nah. In nocht dae I believe.
Lat Nature drabble oan my flamin heid:
the sun, the rain, the wind that flauchts this baldie-bastart croun,
the hale gey wheen ae it, lat it come if it comes, if it can, if it maun.
Arrhythmic thirlmen ae the stars,
aa the warld is owercome before we leave oor beds.
Whun we wake it plowters intae mirk,
and suin as we're up agane it tynes its sicht,
sae whun at lest we leave the hoose, it turns intae The Hail Warld
plus Solar System, Milky Way, Primordial Minestrone…

heich – high | gallus – brave | prestable – practical | scrieve – write | aye and on –
nevertheless | happit – covered | slock – well | flaucht – float | hale gey wheen –
the whole lot | thirlman – servant, bondsman, slave | plowter – splash aimlessly |
mirk – dark, gloom | cavie – hen-coop |

(Ach, eat yir Freddo, quine! Wee lassie! Eat yir Freddo!
Thir isnae a mair metaphysical sweetie in the warld than the Freddo,
     lass!
Yull learn as much fae that confectionary as ye wull fae ony religion.
Eat, wee maakit lassie, eat!
Christ I'd luve tae be able tae eat a Freddo wae the same
     commitment as yirself, hen.
Bit I'm the sort'll unwrap the cunt fae its purple sheath,
     say 'That's jist plastic, man, moan tae fuck'—
and chuck the hail lot—wrapper, chocolate and aa—in the bin
     jist like hou I threw my life awa.)

Whitiver consolation's tae be wrung fae aa this girnin
     aboot whit I'll niver be
is aiblins tae be foond in the rapid scrievin ae these lines,
a portico tae the unpossible.
At least I can sain tae myself an ungreetin contempt,
and mak a noble gesture ae birlin intae the unhung
     laundry ae my skin,
birlin withoot inventory intae the coorse ae life,
and bide indoors, wae nae need fur a shirt.

(And here come my consolers, wha console me bi no bein real!
Hi aye Greek goddess, thochtie as a livin waxwark—
or Roman laird, unpossibly noble and odious,
or troubadour princess, cannie and colourfu,

maakit – filthy | ungreetin – dry-eyed | birl – turn, spin | thochtie – thoughtful |
cannie – wise | sain – consecrate |

43

or Marquess ae Enlightenment, abeich, wae clavicles exposed,
or coquettish celeb fae my Da's generation,
or somethin fae my ain time and place—cannae think whit—
whitiverthefuckyeare, inspire me, if ye can!
My hairt's a tuimit pail.
As psychics cry forth spirits cryin forth I cry myself forth
        and find fuck all.
I gae tae the windae and see the street, plain as parritch.
I see shops, pavements, cars passin,
I see the livin in ootrigs as they cross,
I see the dugs, they exist and aa,
and feel the wecht ae aa that oan my saul, a refugee in my ain furm:
aye, the hail ae it unco, unco as onyhin.)

I huv lived, studied, loved, and even made a few things,
bit that doesnae stop me fae envyin the jakies.
Aye, I see wan passin, wae his rags and his scarts and his lies
and I think: man, mibbe ye've niver lived, studied, loved
        or made onyhin ae yirself,
bit seein as hou it's possible tae mak a reality ootae life
        withoot actually livin it,
aiblins ye jist existit, like the amputatit tail ae a beastie
that's jist tail noo—aye, tail in want ae beastie.

I've made fae myself whit I didnae huv the ken tae mak,
and whit I cuddae made fae life I didnae.
I fucked up, pit oan somewan else's ootrig,
came tae be kent fur somethin I wissnae—
and fur no rebeukin aa that, I lost myself furaye,
sae whun the maument came tae remuive the mask
it wiss glued tae my face,

parritch – porridge | ootrigs – outfits | wecht – weight | puckle – small assortment/
indefinite handful | ootrig – outfit | jakie – tramp | scart – scratch |

and bi the time I'd scraped it aff
I wiss a hauf-cut codger.
Didnae ken hou tae pit oan the claes I'd been wearin aa my life.
Sae I binned the mask and dovered in a cloakroom
like a dug tholed bi the management fir bein sakeless…
Bit noo I scrieve my hail lifestory, and airt tae pruive myself sublime!

Mysterious musical essence these daeless verses ettle fur:
I'd luve tae ken ye, tae mak believe I've earnt the richt.
Insteid I staund foreanent the Newsagent's ower the way
wae the consciousness ae existance unnerfit
like a rug trippin up a wreckheid
or a walcome mat that gits nicked, even though it's fae Poundland.

The Newsagent comes tae his door and staunds there.
I tilt my heid till it's sair, till I can see him aye,
wae aa the sadness ae a miskent saul.
He wull dee, and I wull dee and aa.
He'll leave his lit-up sign ahint, I'll leave my poems.
Eftir a time his lit-up sign wull be deid, and sae wull the poems
        and aa.
Eftir that the street whaur the lit-up sign wiss wull dee,
alang wae the leid ae my poems.
Syne the hail planet whaur aa the signs and poems are fae wull dee—
tho oan ither planets in ither solar systems anither species siclike oors
wull cairy oan writin things like poems and livin ablo things
        like signs—
aye wan thing anent the ither,
aye wan thing, daeless as the neist,
aye The Unpossible, as shite as The Real,
aye the mystery ae the fundament, siccar as the mystery
        ae the surface, ae its sleep—
aye wan thing, or something ither, or neither wan thing nor anither.

hauf-cut – drunk | sakeless – harmless, innocent | daeless – useless | foreanent – in
front of | ahint – behind | ablo – below | siclike – of the same kind |

But noo a man waulks intae the Newsagent's—fur baccy?—
and sleekit reality descends.
I hauf-rise, fendfu, human, up in the buckle,
intendin tae scrieve a line in which I say:
    'Dinnae mind aa that shite I jist wrote:
        here's what I really mean.'

I roll and licht a fag, and think ae scrievin mony lines like that.
I taste in my rollie a liberty fae thocht.
I follow the reek as a gate intae my hairt,
and enjoy, at this maument ae deep-feelin and self-mastery,
a freedom fae the self-consciousness ae kennin
that owermuckle philosophisin's a consequence ae bein a fuckin bam.

Syne I lay back in my chair,
smoke anither wan.
Lang as Fate'll allou, I'll aye be smokin.
See, if ye shacked up wae that lassie at the laundrette
mibbe ye'd be happy fur aye, man.
And wae that thocht I'm oan my feet agane, back up at the windae.

Yir man's come ootae the newsagent's.
He's pittin his change in his trooser pocket...
Whit's this? Hullo! It's Stevie! Unmetaphysical Stevie!
(The Newsagent's back at his door.)
And bi some divine luck, Stevie turns roond, luiks up,
    and sees me staundin at the windae.
He's giein us a wave. I'm sayin fareweel tae him. Bye, Stevie!
And as the universe rebuilds me bi itself, withoot ideals
    or expectations,
the Newsagent braks intae a smile.

fendfu – resourceful, energetic | up in the buckle – elated | reek – smoke |
owermuckle – overmuch | bam – nutter |

WRITTEN OAN THE LAST PAGE AE
A NEW ANTHOLOGY

Sae mony awesome poets!
Sae mony bangers!
Genuinely rated it.
And ilka poem sayin the exact same thing and aa—
cannae mind a single wan, like.
Mibbe some'll bide by chance in the lottery ae posterity.
Mibbe a billionaire'll like wannae thae poems and buy it.
Ach, sae mony awesome poets!

Hou come I even bother writin poems?
Whuniver I write wan, seems tae me
jist like a feelin feels whun yir really in it—
like the anely thing in the warld.
Meanwhile, the hail universe ootwith
my heid fills wae cauld dree.
Neist mornin I see the poem written doun,
visible, legible, shite.

Bit *this* anthology—
banger eftir banger!

Whit's the definition ae success—
a guid poet publishin a guid poem?
And hou d'ye tell the guid wans fae the dross?
I reckon thirs a thin line…
Puir doverin man.

dree – dread |

I'll close this buik
mair dune wae it
than I am wae the entire warld.

Am I ordinary? Am I doomed?
Sae mony awesome poets!
Fuck's sake!

THE TRAIN

I alichtit fae the train,
and said ta-ta tae the new pal I'd made.
We'd been thegither fur eighteen minutes.
The crack wiss guid,
fraternal.
I wiss sad tae leave him thir.
Sae casual, I niver thocht tae ask his name.
It felt like my een were wavin him aff wae my tears.

Ilka fareweel is a daith.
Aye, ilka fareweel's daith.
Ivrywan oan the train we cry life
bein casual tae wan anither,
and sorrowfu when it's time tae say guidbye.

As I am human, ilka human thing muives me.
Ilka thing muives me
cus I amnae made ae ideas or licht,
bit hae a true and muckle commonweal wae aa humanity.

The maid wiss mistreatit by the hoose
bit aye left greetin.
She wantit tae stay…

The hail ae this inwith my hairt, aa the daith and waesomeness
            in the warld.
The hail ae this lives and dees inwith my hairt—

and my hairt's a bittie muckler than the universe.

greetin – crying |

FERNANDO PESSOA

TRAIVEL

Tae traivel, man! Tae tyne yir laund,
and be anither person—free!
The human saul hus nae hame grund.
Oh, tae anely live tae see!

Tae oorselves we dae belang.
Muivin oan and muivin furrit.
Nae hame bit the warld endlang—
and the wull tae love it!

I'll traivel syne, withoot my leavin.
The lift ae elsewhaur's hyne—
bit huvvin spent my hail life dreamin,
aa the skies I've dreamed are mine.

dae – don't | furrit – forward | endlang – from end to end |
hyne – distant | lift – sky |

THE COONTER-SYMBOL

A lanely licht thraws shade upon the quay.
The eldritch foghorn blaws. A boat's gan missin—
horrors fae a warld we canna see.
The auld pier saunts awa; the haar is risen.

Herrin-scentit daith, that reekin siller
noo seals ticht the unco atmosphere
till a skimmer fae anither harbour—
thon—anither siclike quay appears…

Thirs a seicont, universal station
whaur soonds ae horn and bell, the wind in gress
dae exist in perfect isolation
fae voices waitin fur the late express.

Existin in an unfurled cloot ae memory,
thae passengers, thaimselves indefinite,
amuse each ither—tell, re-tell the story
ae thon hauntit pier, thon missin boat.

saunt – vanish | reekin siller – smoking/stinking silver |
skimmer – flicker, skimming stone | cloot – rag |

SKLENT RAIN

The conductor waves his baton,
beginnin the sluggish, dullsome tune…

I mind a day—back in my bairnheid it wiss—
whaur I wiss pleyin in the gairden, chuckin this ball aboot.
Mind it hud oan wan side a wee green glidin dug,
and oan the ither a blue horse wae a yella rider—

and oan the tune conteenas, but noo my bairnheid's here
and sits somewhere tweesh me and the conductor
            like a white gairden wall.
The ball retours, syne the green dug's seen,
syne the blue horse wae the yella rider…

The concert hall turns intae the gairden,
my bairnheid turns intae ivrythin else—
the ball retours and it's pleyin a tune,
sluggish tune that enters the gairden
dressed as a green dug turnin intae a yella jockey—
and hou rapidly this ball spins tweesh the band and I!

I skite it at my bairnheid:
it traivels the lenth ae the concert hall whaur I staund,
and a blue horse appears at the ither side
ae the gairden wall, and the tune thraws the ball
back tae my bairnheid, and the wall is made
ae batons and knackered green birlin dugs
and blue horses wae yella riders.

---

sklent – sideways, slanting | retour – return | skite – throw with force |

The hail concert hall is a white wall ae music
whaur a green dug gies chase tae nostalgia fur bairnheid,
and a blue horse wae a yella rider...

And fae wan side tae the ither, fae richt tae left,
fae whaur the trees begin, thir heichmaist branches
whaur the baund nests, pleyin tunes—
fae amang the rows ae toys
back in the shop whaur I picked oot
the ball wae the green dug,
the shopkeeper smirks at my recollection ae bairnheid,

and the music staps like a broken wave,
and the ball rolls aff the crag ae an interruptit dream—
and fae the back ae a blue horse, the conductor,
a yella jockey turnin black, dismounts and thanks me,
hings his baton oan a wall that's winnin free,
and bends doun wae a smirk,
wae a white ball oan his heid,
a ball that vanishes ahint his back...

jabbelt – agitated | crag – cliff-face | win free – escape |

THE PURSUIT

Yir wards are near-anonymous,
the sunlicht skyres yir hair—
hou come tae feel real happiness
we maunna ken it's thir?

skyres – glitters |

POEM

The sky is blue wae licht, and lown.
Brakkin here, the lithesome waves
huv turned the tide intae a line
ye'd find upon a stave.

Mute piano, unkent beach
whas fingers pley nae melody—
bit can ye feel thir rhythm broach
some meanin here the day?

If anely this could satisfy—
if anely I myself believed
that aa these beaches, tides and skies
were real, and I hud really lived.

lown – peaceful |

COMMENT

My saul kens whit's the auld me aye—
bit like an echo or a sang,
it anely kens throu muscle memory...

I ken it's nothin. Nothin's rang.
Aye and oan I wish my saul cud be
external road fur me tae waulk alang.

Aiblins that wid mak me happy aye,
if I cud just forgive the pairt
ae me that's mute fur whit it wants tae say.

Why bother? Vile and vain's the effort.
Naewan wants the real truth onywey.
Forget the saul, hearken tae the hairt.

OAN UNITY

I leave the blin, I leave the deif,
the saul inwae its fences.
I want tae feel aethin in life
in ilka wey. My consciousness—

fae the summit ae its wappin hicht
I think aboot the yird, the sky,
and throu my innocence lat licht
that nane ae that's tae dae wae me.

Bit as I look mair selves disperse
the langer I can haud my tent,
till ilka thocht I hae gies birth
tae somewan new and different—

till aa the peerie bits and pieces
ae my saul, like scaitert gravel,
mak ither fowk fae ither places,
ither dreams ae ither people.

I wonder hou it aa began—
whun I reflect upon the split,
it wissnae a self-conscious plan.
Bit dae I judge myself fur it?

Aye man, and I judge the sea
fur bein wet and blue.
My reader's singularity
is jist like mine. Untrue.

blin – blind | wappin hicht – enormous height | yird – earth |
lat licht – realise |

If aethin is jist bits and pieces
fae the Graund Ken universal
we're aa componed ae oor releases,
kent throu thir dispersal.

I feel the opposite ae hail,
even tho it's me that feels.
Hou could I iver say my saul
hud iver lived, wiss iver real?

Dae ken. Accommodate insteid
the hail ae Christian history
bi leavin my poor reader's heid
mair pickled than God's mysteries—

bit suppose my wark's a parody
ae his. He made the infinite
at the same time he made unity,
syne telt the warld tae deal wae it.

componed – comprised |

AUTOPSYCHOGRAPHICAL

Aa poets are jist actors—
and ilk acts so sevendibly
thull even act oot akes
ae akes thir feelin in reality.

Readers ae a poet's script
encoonter pyne that isna real.
They swap the twafauld pynes ae life
oot fur the wan they dinna feel.

Roond and roond its langsome track
the dance staps, syne restarts.
Twa train charrits made ae string,
a model fur oor hairts.

sevendibly – thoroughly | langsome – sorrowful |

DAE KEN HOU MONY SAULS I'VE GAT

Dae ken hou mony sauls I've gat,
I'm cheengin ilka seicont but.
I'm unco, keep discoverin that
I huvnae foond myself, nae yet.
I foond an erst saul, syne anither,
made myself a warld ae bother.
Selves that feel are niver mair
than feelins, niver whit they are.

Alert tae aa the things I've seen,
I tyne myself inwae my kist.
The person hou I wished I'd been
wiss somewan else's dream at lest.
Noo a laundscape ae my ain,
orra, ambulant, alane,
I watch the hail warld passin ower
and dae ken hou tae feel it mair.

But that's hou come I've come tae read
my ain life like ye'd read a buik.
Aa the things I huvna spaed
or canna mind, I tak … I tuik
note ae a page whaur I wiss scrievin
doun camsteerie thochts and feelins,
syne wrote them oot agane. Pessoa?
God knows, man—he wrote this wan and aa.

orra – superfluous | spaed – predicted | camsteerie – untameable |

RICARDO REIS

'ABANDON YIR CHRIST'

Abandon yir Christ withoot fear fur the morrow:
Apollo himself is wir anely Apollo.
    It's daith tae say mair nor
    wan god in wan god—no here.

Sae warm up yir saul wae some auld-farrant mense,
sensual abune the extinct Christian sense,
    as the sun—cannie like before—
    retours us tae the beasts we were.

auld-farrant – old-fashioned |

'GUBS'

Gubs purple fae wine,
peelie foreheids, rosie crouns,
unclaid white foreairms,
elbows oan the table.

Thirs it, Lydia: the dumm
pentin wir lives became,
furaye inscrieved oan the waas
ae wir ain bacchanal.

Bitter here nor life
as ithers live it, but.
Belchin smurach
kicked up fae the roads.

Here's divine intervention
wae a proper rule for life—
seein as hou yir livin aye,
dae ask fur mair.

gubs – mouths | peelie – colourless | unclaid – naked | smurach – dross |

'THE INVISIBLE HAUND AE THE WIND'

Eftir Caeiro

The invisible haund ae the wind brushes the gress.
Whun it staps the blades lowp back intae green intervals—
red sodgers, yella gowans and ither blue flooers
that canna be seen withoot expendin the effort tae luik.

I've naewan tae luve, nae life tae want, nae daith tae claim.
Fur me as fur the gress, a wind that anely bends things
tae mak them retour tae whaur they were, passes.

Fur me and aa, thae earthly desires are blawin sakelessly
at the stems ae an airt, the flooers ae a thocht,
till aethin retours tae whit it wiss, and nothin comes tae pass.

lowp – spring | red sodger – poppy | yella gowan – dandelion |

'FOLLA OOT YIR FATE'

Folla oot yir fate,
water yir plants,
luve the rose.
Aa the rest is scaddas
ae the trees ae ither fowk.

Reality's aye
whit wir eftir,
gie or tak—
wir aa aye the same
as wirselves.

It's guid tae be alane,
and gallus and grand
tae live a hamelt life.
Leave yir pyne at the door,
saicrifice it tae the gods.

Haud yir warld at lenth.
Dinna be askin
questyins ae life.
It canna spikk.
Yir answer's ayont the heivens.

Pretend yir hairt's Olympus,
man. Keep it tae yirself.
Here's hou come a god's a god:
cus they dinna think
oan whaur thir fae.

hamelt – domestic |

'OCEAN LIES'

Ocean lies, wind whinges
tae captive Aeolus.
Pyntlessly pyntin his trident's prongs
Neptune gloors at the waters,
and the beach is white and strewn
wae glisks ablo the clairglesst sun.

Neera, I wish this maument
the day hud the exact meanin
ae a sentence ye cud read in a book.
If it did, ye'd ken that whit I'm sayin tae ye,
tho am sayin it withoot lookin in yir een,
is somethin I believe ayont questyin:

aa the things we see in the warld
are the dialogue
the gods act oot wae us.
If ye kent this clairance,
ye widna judge me fur bein dour
or the licht in my scene fur its transpairency.

Not licht or hevvie,
not fause or richt,
but jist like so:
the divine is grand wae it aa,
content wae things as they are,
wants nothin mair besides.

glisk – glare, sparkle | clairance – revelation |

'COME AND SIT WAE ME'

Come and sit wae me, Lydia, here bi the burn.
Caum like, watch it tak its coorse. Lat's learn wir lives'll
pass like thon, til we canna haud haunds onymair.
      Lat's haud thaim noo but.

Grawn up bairns, that's us. Sae lat's think wir lives
winna bide whun we dee, but leave us, unretourin,
tae a sea that's faur fae us noo, tae a fate mair hyne
      nor that ae the gods.

Lat's lat go wir haunds the noo. Nae use tirin them oot.
Life gaes bi like a river, if ye like it or no.
Bitter tae pass throu as quately as ye can,
      wae minimal fuss.

Nae luve, nae scorn, nae screamin choirs ae passion.
Nae envy makkin yir een rin marathons.
Nae takkin tent. See hou, despite wir cares, a river
      empties tae the sea?

Lat's luve each ither that quately. Lydia,
if we wanted we cud touch, kiss, courie in.
But it's aneuch tae sit here, listenin tae the burn,
      watchin it fur aye.

Pick yir flooers. Haud them, pit them oan yir lap,
lat thir scent saffen the lang-awaitit unveilin
ae wir sakeless paganism. As epicures
      we maunna believe—

aneuch – enough | burn – river | courie in – embrace |

bit if we can ken the warld's a scadda, ye'll mind me
whun I'm deid, and the memory winnae mak ye greet.
As scaddas, we niver widdae touched, or kissed—
          we'd be mair like bairns.

And Lydia, if yirs met the boatman's first,
I widnae huv tae mourn ye. I'd mind ye as ye are
the noo. Spirit sittin bi a burn. Sad haithen,
          flooers in her lap.

'DUSK IN CERES'

Dusk in Ceres.
Licht aye oan
    the summits.

In this earnest oor
I feel great.
    Conceited, but.

Jist as thirs a god
ae the pastures,
    flooers, fields,

I wish thir wiss
a god ae Ricardo
    the nicht.

'EACH AE US IS A WARLD'

Each ae us is a warld, and jist as hou in ilka fountain
some god watches ower ilka man, hou come thir shudnae be
   a god in each ae us?

Here's hou come—inwae the saicret consecution ae things,
anely the man wae mense wull feel he's nothin mair
   nor the life he'll tyne.

'I WISSNAE IVER WAN AE THEM'

I wissnae iver wan ae them wha liked wan gender
ower anither. In luve or in companionship, I mean.
I like beauty as much in whitiver furm it's tae
          be foond. It's beauty.

Tak the birds. Whun they airt tae land, they jist luik
whaur thir landin. Lang as thirs a branch, it's grand.
Tak the river, flowin intae its souch, nae whaur
          the water's wantin.

Logic frees ye fae location: whaurs, whits, whas.
They things dinna matter. I'll love him, or I winna.
Experience, innocence, neither is innate.
          Real love postpones thocht.

Neither in the object, nor the abstract. Suin as
I'm in love wae her, I'm in love wae onyhin.
That's the thing. Love's nae in me, or her, him, them—or
          in itself. It's love,

and the gods wha gied us the pooer tae pick oor loves
gied us the flooers. A deeper sense ae beauty
shid help us whun it's time tae forgaither the wans
          we'd chuise tae keep.

forgaither – to meet, encounter, assemble, marry |

'COONTLESS FOWK'

Coontless fowk are livin in wir kists.
If I think or feel a thing,
dae ken wha thinks or feels it truly.
Ken I'm jist a place whaur thochts
are thocht ae, feelins felt.

I'm sure I've gat mair nor wan saul,
that I conteen mair selves and aa—
but aye and oan I live indifferent
tae the hail lot. I haud
thir wheesht bi spikkin here.

The owercrossin impulses
ae whit I feel or dae feel
are fechtin ower whit I am.
Lat them, syne. I'm nae thir secretary:
I jist write doun the wans I ken are me.

'SEE THE FIELDS'

See the fields, Neera—
green. Wonder if
the day'll come whun
I canna see thaim onymair.

The mair I think aboot that,
the hivvier the cluds git.
Hivvier the cluds, less regal,
less green, the fields.

Ach! Neera, leave
the future tae the future.
Whit isna noo doesna
exist fur the likes ae us.

Oan days like this
thirs nothin but green fields,
blue skies abune. Neera,
lat this be the hail warld.

This book has aimed to disappoint readers in two key ways.

Firstly, it doesn't contain faithful translations of its subject(s). Many such translations of Pessoa—all into standard English—exist already. My approach is more like an adaptation than a straight translation. As Scots retains an anarchic quality, it does tend to require some boldness from those who seek to write in it. I thought, then, that putting Pessoa into this language would imbue his four main heteronyms for poetry—his 'kist'—with some vitality.

There were some practical advantages to adapting, rather than translating Pessoa. Principally, a looser engagement enabled me to either preserve my subject's original choices of form for poems, or respond to these in-kind. Retaining these gives readers a sense of Pessoa's fluency and range as a poet.

I never went so far as to write wholly free 'versions' of poems, but sometimes the meanings of original poems were stretched, or changed entirely. I also mistranslated, embellished, updated, and took any other liberty that I thought would help these poems succeed in a new time and a new target-language context.

The second disappointment relates to that target. This text may not be considered by some to be in full-throated Scots, but its language certainly isn't standard English either. Both are hopelessly contaminated here, as they are in contemporary Scottish speech. Being from all over Scotland, and raised by parents who didn't speak Scots, I had to approach the language as a learner, and so have no way to write in it with native authority.

Few of us do. Scots is unstandardised, and so presents readers with a peculiarly inauthentic form of authenticity that always varies from writer to writer. Pessoa's peculiar deus ex machina—writing poetry in the voices of fictional authors—requires the same kind of suspension of disbelief on our part. This person, this way of speaking, may never have existed. But here they are, here it is. Existing.

Patrick Kavanagh drew a distinction between two types of rural artists: provincials and parochials. The former are insecure about their distance from the centres of the metropolis and look to these for approval, whereas the latter are already convinced that their own parishes are already artistically valid. Pessoa wasn't rural, but he was certainly parochial. Although much of his education was in English, the return to Lisbon and subsequent switch back to Portuguese enabled him to write his best work.

It's not only Scottish poets who will sympathise with the need to turn away from standard English—but I hope this book invites a parochial conclusion about the utility of Scots for poetry translation, or composition.

In these poems I swap Lisbon for my own present-day Glasgow, and so adopt a very rough west-Scotland orthography/pronunciation. But it is rough, and dramatically inconsistent with itself at moments. It never occurred to me to purify my dialect in any way. Doing so would have resulted in self-parody. Instead, working on Pessoa helped me to codify my own approach to writing in Scots. Unavoidably this is inflected with English, but also with the cadences, grammars and words of other Scots dialects from the other places in Scotland where I have lived, Highland ones particularly.

Famously, Pessoa has some pre-existing Caledonian connections. Most conspicuously, Álvaro de Campos was meant to have studied maritime engineering in Glasgow, either at Strathclyde ('The Tech', as it was known a hundred years ago) or Glasgow University. Ricardo Reis, whose story is continued by José Saramago in the novel *The Year of the Death of Ricardo Reis*, arrives in Lisbon on a ship called the *Highland Brigade*. Even more strangely, Alberto Caeiro's horoscope reveals that his birthday—16th April 1889—is my own, 101 years in the past.

Such instances of serendipity may remind us of an esoteric quality in Pessoa that can sometimes make his poems feel elusive—especially to English-speaking readers, deprived as we are of the beautiful sonic architecture that makes his work so meaningful to Portuguese readers still.

I think Pessoa is at his best when being direct, dramatic, emotional and lyrical. The poet's truth resides in fabrication, division, numerousness, inconsistency, self-contradiction and pleasure. I hope this book has communicated these qualities too, in spite of the attendant, probably inevitable disappointments outlined here.

NOTE ON THE TRANSLATION

I first read Fernando Pessoa in English, and so this book would not exist without the work of his many translators. Again, absolute fidelity to Pessoa's originals was not the goal. I wanted to have a conversation with my subject—to listen, yes, but also to talk back.

Listening came first. I began by reading all the English translations of Pessoa that I could find. There are more and less responsible ways to use cribs: rather than rephrasing translated English poems, I used these as a springboard into reading his work in the original language. Pessoa's entire oeuvre is available online at the *Arquivo Pessoa* and this was my source for all original texts.

Reliance on dictionaries is something that poets, translators and language-learners have in common. I don't speak Portuguese, but I do speak Spanish, so although my reading comprehension wasn't close to that of a native speaker/ professional translator, it wasn't nil. (Though these languages are quite different, the relationship between them does bear comparison to that between Scots and English.) I had initially hoped that the project might help me make inroads into learning some Portuguese. In retrospect classes would have been even more useful to that end; however, some language learning came as a byproduct of working on Pessoa.

During this early process I read poems out loud to myself over and over again, without necessarily understanding them. Doing so was more about recognition than comprehension. Although in poems, as Pope said, the sound must seem an echo to the sense, curiously in poetry we encounter the echo first. This first recognition-stage—the infancy of our understanding—is underrated.

My conversation with Pessoa took place alongside the writing of much original material, and so enabled me to test my developing sense of craft against the work of an idiosyncratic master. The desire to satisfy a whimsical curiosity has, over the years, given way to a formative learning experience in composition. But I wouldn't have been able to make it past the recognition stage without the work of Pessoa's militia of English translators, who I want to salute here, just before the curtain falls on my own production.

Of these Richard Zenith remains foremost, and his translations of the poems in *Fernando Pessoa and Co* and *A Little Larger Than the Universe*, as well as his full-fat edition of *The Book of Disquiet*, magisterial biography of Pessoa and *Selected Prose* have all been indispensable to me. Campos's Scots description of Pessoa in the 'Kist' beginning this book is paraphrased from Zenith's translation of the essay 'Notes for the Memory of my Master Caeiro', from *Selected Prose*.

I also owe the following translators and editors a debt: Jonathan Griffin, Peter Rickard, Keith Bosley, Eugénio Lisboa, L.C. Taylor, Chris Daniels, Jerónimo Pizarro, Margaret Jull Costa, Patricio Ferrari, David Scanlon, Erin Mouré, Edwin Honig, and Susan M. Brown. I refer the reader looking for accurate translations of Pessoa to their work.

ACKNOWLEDGEMENTS

This book probably wouldn't have come to exist without the early support, advocacy and warmth of Stefan Tobler. A million thanks to Stefan, then, first of all.

Michael Schmidt has been extraordinarily encouraging: I want to thank him for his constant receptiveness to a Scots Pessoa and innumerable other kindnesses, including a generous gift of time and space in *PN Review*, and much useful editorial feedback. In the same breath I'd like to thank Andrew Latimer for his own indispensable editorial input, Jazmine Linklater for her marketing nous, and the rest of the team at Carcanet. Thanks too to Isobel Williams, who gave useful feedback on the overall project at a nascent stage.

I began working on Pessoa during a creative writing doctorate at the University of St Andrews. My supervisors, Robert Crawford and Peter Mackay, were exemplary models of mentorship and practice—approachable, knowledgeable, patient and generous—and I want to thank them for offering me much wise counsel on Scots, poetry and translation over the years. Thanks also to my examiners, W.N. Herbert and Don Paterson, for putting some early versions of these translations through the wringer of their collective intelligence and wit. I'd also like to thank all at the Edwin Morgan Trust; the judges of the 2020 prize, John Glenday and Kathleen Jamie; and David Kinloch.

My sister-in-arms, the absurdly talented poet and artist Iona Lee, supplied the bonnie illustrations for the cover and interior of this book—many thanks to her, and to the other poets/translators/poet-translators who read drafts of the book or encouraged me in various ways. Leyla Josephine, Hannah Lavery, Paul Malgrati, John Glenday, Will Harris, Vanessa Kisuule, Rachel Rankin, Niall Campbell, Wen-chi Li, Patrick Romero McCafferty, and Charles Lang.

Eemis Stane and *PN Review* published some earlier versions of these poems; *ALTA* had me perform some at their conference in 2020. Sláinte to them.

This book is dedicated to Ave and Pablo.